Parti Républicain

La Brève Histoire du Parti politique américain, Lincoln, Grant, l'étalon-or et l'âge d'or, Roosevelt, le New Deal, Reagan, Bush, Trump et Plus Encore

Clause de non-responsabilité

Introduction

Le Parti républicain, également appelé GOP ("Grand Old Party"), est l'un des deux principaux partis politiques contemporains des États-Unis. Le GOP a été fondé en 1854 par des militants anti-esclavagistes qui s'opposaient à la loi Kansas-Nebraska, qui permettait l'expansion potentielle de l'esclavage dans les territoires de l'Ouest. Il est le principal rival politique du parti démocrate depuis le milieu des années 1850. Comme eux, le Parti républicain est une grande tente d'idéologies concurrentes et souvent opposées. Actuellement, le Parti républicain comprend des factions conservatrices, centristes, populistes et droit-libertaires de premier plan.

Les présidents républicains Abraham Lincoln, Rutherford B. Hayes, Chester A. Arthur et Benjamin Harrison étaient tous des Whigs avant de passer au parti dont ils sont issus. L'effondrement des Whigs, qui constituaient auparavant l'un des deux grands partis du pays, a renforcé le succès électoral du parti. Lors de sa fondation, il soutenait le libéralisme classique et les réformes économiques tout en s'opposant à l'expansion de l'esclavage. Le parti républicain était initialement composé de protestants du Nord, d'ouvriers d'usine, de professions libérales, d'hommes d'affaires, de fermiers prospères et, à partir de 1866, d'anciens esclaves noirs. Il n'était pratiquement pas présent dans le sud des États-Unis à sa création, mais il a connu un grand succès dans le nord des États-Unis où, en 1858, il avait rallié d'anciens Whigs et d'anciens Free Soil Democrats pour former des majorités dans presque tous les États de la Nouvelle-Angleterre. Si les deux partis ont adopté des politiques favorables aux entreprises au XIXe siècle, le premier GOP s'est distingué par son soutien au système bancaire national, à l'étalon-or, aux chemins de fer et à des droits de douane élevés. Il ne s'est pas ouvertement opposé à l'esclavage dans les États du Sud avant le début de la guerre de Sécession - déclarant qu'il ne s'opposait qu'à l'extension de l'esclavage dans les territoires ou dans les États du Nord - mais il était largement perçu comme favorable à la cause abolitionniste. Voyant dans l'élection d'Abraham Lincoln, premier président républicain, une menace future pour cette pratique, de nombreux États du Sud ont déclaré leur sécession et rejoint la Confédération. Sous la direction de Lincoln et d'un Congrès républicain, le parti a mené le combat pour détruire la Confédération pendant la guerre de Sécession, en préservant l'Union et en abolissant l'esclavage. Par la suite, le parti a largement dominé la scène politique nationale jusqu'en 1932.

En 1912, l'ancien président républicain Theodore Roosevelt a créé le Parti progressiste ("Bull Moose") après avoir été rejeté par le GOP et s'est présenté sans succès comme candidat tiers à l'élection présidentielle, estimant que William Howard Taft avait trahi les valeurs du Parti républicain et appelant à des réformes sociales similaires à celles qu'il avait promulguées pendant sa présidence. Après 1912, de nombreux partisans de Roosevelt quittent le Parti républicain, qui connaît alors un glissement idéologique vers la droite, amorçant ainsi sa tendance au conservatisme au cours du XXe siècle. Le Parti républicain a perdu sa majorité au Congrès pendant la Grande Dépression (1929-1940), lorsque les programmes du New Deal des démocrates se sont avérés populaires. Dwight D. Eisenhower a présidé à une période de prospérité économique après la guerre. Après l'ère de la législation progressiste de la Grande Société sous Lyndon B. Johnson, les États du Sud sont devenus de plus en plus républicains et les États du Nord-Est de plus en plus démocrates. Après l'arrêt *Roe v. Wade* rendu par la Cour suprême en 1973, le parti républicain s'est opposé à

4

l'avortement dans son programme et a gagné le soutien des évangéliques. Richard Nixon a remporté 49 États en 1972 grâce à sa majorité silencieuse, même si le scandale du Watergate a miné sa campagne et l'a conduit à la démission. Après avoir gracié Nixon, Gerald Ford a perdu sa réélection et les républicains n'ont repris le pouvoir et réorienté le paysage politique qu'en 1980, avec l'élection de Reagan, qui a réuni les partisans de l'économie de marché, les conservateurs sociaux et les faucons de l'Union soviétique dans un "tabouret à trois pieds".

À partir des années 2020, le parti obtient les meilleurs résultats parmi les électeurs qui n'ont pas de diplôme de troisième cycle, qui vivent dans des zones rurales, ex-urbaines ou dans de petites villes, qui sont mariés, de sexe masculin ou de race blanche, ou qui sont des chrétiens évangéliques ou des saints des derniers jours. S'il ne recueille pas la majorité des voix de la plupart des minorités raciales et sexuelles, il l'obtient auprès des électeurs cubains et vietnamiens. Depuis les années 1980, le parti a gagné du soutien parmi les membres de la classe ouvrière blanche, tandis qu'il en a perdu parmi les Blancs aisés et ayant fait des études supérieures. Depuis 2012, il a gagné du soutien parmi les minorités, en particulier les

Asiatiques de la classe ouvrière et les Hispano-Latino-Américains. L'idéologie dominante du parti est le conservatisme américain, le parti soutenant généralement des politiques qui favorisent un gouvernement limité, l'individualisme, le traditionalisme, le républicanisme et un pouvoir fédéral limité par rapport aux États. Comme le parti démocrate, il a adopté des positions très diverses et souvent opposées sur l'avortement, le commerce, l'immigration et la politique étrangère tout au long de son histoire.

Le Parti républicain est membre de l'Union démocratique internationale, une alliance internationale de partis politiques de centre-droit. Il possède plusieurs ailes politiques importantes, dont une aile étudiante, les College Republicans, une aile féminine, la National Federation of Republican Women, et une aile LGBT, les Log Cabin Republicans. En 2023, le GOP détiendra la majorité à la Chambre des représentants des États-Unis, dans 26 gouvernorats d'État, dans 28 assemblées législatives d'État et dans 22 gouvernements d'État tripartites. Six des neuf juges de la Cour suprême des États-Unis ont été nommés par des présidents républicains. Son dernier candidat à la présidence a été Donald Trump, qui a été le

45e président des États-Unis de 2017 à 2021. Il y a eu 19 présidents républicains, soit le plus grand nombre de présidents d'un même parti politique.

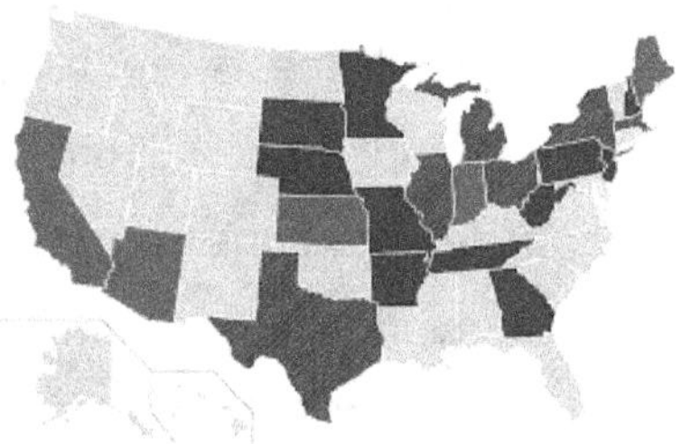

Table des matières

Histoire du parti républicain

19e siècle

Le parti républicain a été fondé dans les États du Nord en 1854 par des forces opposées à l'expansion de l'esclavage, d'anciens Whigs et d'anciens Free Soilers. Le parti républicain est rapidement devenu la principale opposition au parti démocrate dominant et au parti "Know Nothing", brièvement populaire. Le parti est né de l'opposition à la loi Kansas-Nebraska, qui abrogeait le compromis du Missouri et ouvrait les territoires du Kansas et du Nebraska à l'esclavage et à l'admission future en tant qu'États esclavagistes. Ils dénonçaient l'expansion de l'esclavage comme un grand mal, mais n'appelaient pas à y mettre fin dans les États du Sud. Si l'opposition à l'expansion de l'esclavage est le principe fondateur le plus important du parti, comme le parti Whig qu'il a remplacé, les Républicains appellent également à la modernisation économique et sociale.

La première réunion publique du mouvement général anti-Nebraska, au cours de laquelle le nom de Républicain a été proposé, s'est tenue le 20 mars 1854 dans la petite école blanche de Ripon, dans le Wisconsin. Le nom a été choisi en partie pour rendre hommage au parti démocrate-républicain de Thomas Jefferson. La première convention officielle du parti s'est tenue le 6 juillet 1854 à Jackson, dans le Michigan.

Le parti est né du grand réalignement politique du milieu des années 1850. L'historien William Gienapp affirme que le grand réalignement des années 1850 a commencé avant l'effondrement des Whigs et qu'il a été provoqué non pas par les politiciens, mais par les électeurs au niveau local. Les forces centrales étaient ethnoculturelles, impliquant des tensions entre les protestants piétistes et les catholiques liturgiques, les luthériens et les épiscopaliens concernant le catholicisme, la prohibition et le nativisme. Le Know Nothing Party incarne les forces sociales en présence, mais la faiblesse de son leadership ne lui permet pas de consolider son organisation et les républicains le démantèlent. Le nativisme était si puissant que les républicains n'ont pas pu l'éviter, mais ils l'ont minimisé et ont tourné la colère des électeurs contre la menace que les propriétaires d'esclaves achètent les bonnes terres agricoles partout où l'esclavage était autorisé. Le réalignement était puissant parce qu'il forçait

11

les électeurs à changer de parti, comme en témoignent la montée et la chute des "Know Nothings", la montée du parti républicain et les scissions au sein du parti démocrate.

Lors de la Convention nationale républicaine de 1856, le parti adopte une plate-forme nationale qui met l'accent sur l'opposition à l'expansion de l'esclavage dans les territoires. Alors que le candidat républicain John C. Frémont perd l'élection présidentielle américaine de 1856 face au démocrate James Buchanan, ce dernier ne parvient à remporter que quatre des quatorze États du Nord, et gagne de justesse son État d'origine, la Pennsylvanie. Les républicains s'en sortent mieux au Congrès et aux élections locales, mais les candidats "Know Nothing" remportent un nombre important de sièges, ce qui crée une situation tripartite gênante. Malgré la perte de la présidence et l'absence de majorité au Congrès, les républicains parviennent à faire élire un président républicain de la Chambre des représentants, Nathaniel P. Banks. L'historien James M. McPherson écrit à propos de la présidence de Banks que "si un moment a marqué la naissance du parti républicain, c'est bien celui-là".

12

Les républicains sont impatients de participer aux élections de 1860. L'ancien représentant de l'Illinois, Abraham Lincoln, a passé plusieurs années à gagner du soutien au sein du parti. Il a fait campagne pour Frémont en 1856 et s'est présenté au Sénat en 1858, perdant contre le démocrate Stephen A. Douglas, mais gagnant l'attention nationale grâce aux débats Lincoln-Douglas qui en ont résulté. Lors de la convention nationale républicaine de 1860, Lincoln obtient le soutien des opposants au sénateur new-yorkais William H. Seward, un abolitionniste farouche dont certains républicains craignaient qu'il ne soit trop radical pour des États cruciaux comme la Pennsylvanie et l'Indiana, ainsi que de ceux qui désapprouvaient son soutien aux immigrés irlandais. Lincoln l'emporte au troisième tour de scrutin et est finalement élu président lors de l'élection générale, dans une nouvelle confrontation avec Douglas. Lincoln ne s'était pas présenté dans un seul État du Sud, et même si le vote pour les démocrates n'avait pas été divisé entre Douglas, John C. Breckinridge et John Bell, les républicains auraient quand même gagné, mais sans le vote populaire. Ce résultat électoral a contribué à déclencher la guerre civile américaine, qui a duré de 1861 à 1865.

13

L'élection de 1864 unit les démocrates de guerre au GOP
et voit Lincoln et le sénateur démocrate du Tennessee
Andrew Johnson être nommés sur la liste du parti de
l'Union nationale ; Lincoln est réélu. En juin 1865,
l'esclavage avait disparu dans les anciens États
confédérés, mais subsistait dans certains États frontaliers.
Sous la direction du Congrès républicain, le treizième
amendement à la Constitution des États-Unis, qui interdit
l'esclavage aux États-Unis, est adopté en 1865 ; il est
ratifié en décembre 1865.

La reconstruction, l'étalon-or et l'âge d'or

Pendant la présidence de Lincoln, les républicains
radicaux estimaient que ce dernier était trop modéré dans
sa volonté d'éradiquer l'esclavage et s'opposaient à son
plan des dix pour cent. Les républicains radicaux ont
adopté la loi Wade-Davis en 1864, qui visait à obliger tous
les anciens Confédérés à prêter le serment d'Ironclad.
Lincoln oppose son veto à cette loi, estimant qu'elle
compromettrait la réintégration pacifique des États
confédérés au sein des États-Unis.

Après l'assassinat de Lincoln, Johnson accède à la présidence, ce qui lui vaut les foudres des républicains radicaux. Lors d'une tournée nationale précédant les élections de mi-mandat de 1866, Johnson critique avec virulence les républicains radicaux. Les républicains anti-Johnson obtiennent la majorité des deux tiers dans les deux chambres du Congrès à l'issue des élections, ce qui contribue à sa mise en accusation et à son éviction quasi-totale en 1868. La même année, l'ancien général de l'armée de l'Union Ulysses S. Grant a été élu président républicain.

Grant est un républicain radical, ce qui crée des divisions au sein du parti. Certains, comme le sénateur du Massachusetts Charles Sumner et le sénateur de l'Illinois Lyman Trumbull, s'opposent à la plupart de ses politiques reconstructionnistes. D'autres s'offusquent de la corruption à grande échelle présente dans l'administration de Grant, la faction émergente des Stalwart défendant Grant et le système des dépouilles, tandis que les Half-Breeds poussent à la réforme de la fonction publique. Les républicains opposés à Grant se regroupent pour former le Parti républicain libéral, qui nomme Horace Greeley en 1872. Le Parti démocrate tente de tirer parti de cette division au sein du GOP en présentant Greeley sous sa bannière. Les positions de Greeley s'avèrent incompatibles avec celles du Parti républicain libéral qui l'a désigné, Greeley soutenant des tarifs douaniers élevés malgré l'opposition du parti. Grant est facilement réélu.

Les élections générales de 1876 se terminent sur une note controversée, les deux partis revendiquant la victoire alors que trois États du Sud n'ont toujours pas officiellement déclaré de vainqueur à la fin de la journée électorale. Des suppressions d'électeurs ont eu lieu dans le sud pour faire baisser le nombre de votes républicains noirs et blancs, ce qui a donné aux scrutateurs contrôlés par les républicains une raison suffisante pour déclarer que la fraude, l'intimidation et la violence avaient entaché les résultats des États. Ils ont alors rejeté suffisamment de votes démocrates pour que le républicain Rutherford B. Hayes soit déclaré vainqueur. Les démocrates refusent néanmoins d'accepter les résultats et une commission électorale composée de membres du Congrès est mise en place pour décider à qui seront attribués les grands électeurs des États. Après que la commission a voté en faveur de Hayes, les démocrates ont menacé de retarder indéfiniment le décompte des voix des grands électeurs afin qu'aucun président ne soit inauguré le 4 mars. Cela aboutit au Compromis de 1877 et Hayes devint enfin président.

Hayes a réaffirmé l'étalon-or, qui avait été promulgué par Grant avec le Coinage Act de 1873, comme solution à l'économie américaine déprimée à la suite de la panique de 1873. Il estimait également que les billets verts représentaient une menace, les billets verts étant de l'argent imprimé pendant la guerre de Sécession qui n'était pas garanti par des espèces, ce à quoi Hayes s'opposait en tant que partisan de l'argent fort. Hayes cherche à reconstituer les réserves d'or du pays, ce qu'il réussit à faire en janvier 1879, l'or étant plus souvent échangé contre des billets verts que les billets verts contre de l'or. Avant les élections générales de 1880, le républicain James G. Blaine se présente à l'investiture du parti, soutenant la politique d'étalon-or de Hayes et ses réformes civiles. N'ayant pas obtenu l'investiture, Blaine et son adversaire John Sherman ont soutenu le républicain James A. Garfield, qui était d'accord avec l'initiative de Hayes en faveur de l'étalon-or, mais qui s'opposait à ses réformes civiles.

17

Garfield a été élu mais assassiné au début de son mandat, mais sa mort a contribué à créer un soutien pour le Pendleton Civil Service Reform Act, qui a été adopté en 1883 ; le projet de loi a été signé par le président républicain Chester A. Arthur, qui a succédé à Garfield.

Blaine se présente à nouveau à la présidence, remporte l'investiture mais perd face au démocrate Grover Cleveland en 1884, premier démocrate à être élu président depuis Buchanan. Les républicains dissidents, connus sous le nom de "Mugwumps", avaient fait défection à Blaine en raison de la corruption qui avait entaché sa carrière politique. Cleveland s'en tient à la politique de l'étalon-or, ce qui arrange la plupart des républicains, mais il entre en conflit avec le parti au sujet de l'impérialisme américain naissant. Le républicain Benjamin Harrison est parvenu à reprendre la présidence à Cleveland en 1888. Pendant sa présidence, Harrison a signé la loi sur les pensions de dépendance et d'invalidité, qui prévoyait des pensions pour tous les anciens combattants de l'Union ayant servi pendant plus de 90 jours et incapables d'effectuer un travail manuel.

Une majorité de républicains soutient l'annexion d'Hawaï, sous la nouvelle gouvernance du républicain Sanford B. Dole, et Harrison, après sa défaite en 1892 face à Cleveland, tente de faire passer un traité annexant Hawaï avant que Cleveland ne soit à nouveau investi. Cleveland s'oppose à l'annexion, bien que les démocrates soient divisés géographiquement sur la question, la plupart des démocrates du nord-est s'avérant être les voix les plus fortes de l'opposition.

En 1896, le programme du républicain William McKinley soutenait l'étalon-or et des tarifs douaniers élevés, ayant été le créateur et l'homonyme du tarif McKinley de 1890. Bien que divisé sur la question avant la Convention nationale républicaine de 1896, McKinley a décidé de favoriser fortement l'étalon-or par rapport à l'argent libre dans ses messages de campagne, mais a promis de poursuivre le bimétallisme pour éviter que le scepticisme à l'égard de l'étalon-or ne perdure, ce qui était le cas depuis la panique de 1893. Le démocrate William Jennings Bryan s'est avéré être un fervent adepte du mouvement de l'argent libre, ce qui lui a coûté le soutien des institutions démocrates telles que Tammany Hall, le *New York World* et une grande majorité des sympathisants de la classe

19

moyenne et supérieure du Parti démocrate. McKinley battit Bryan et rendit la Maison Blanche aux républicains jusqu'en 1912.

20e siècle

Le réalignement de 1896 a fait des Républicains le parti des grandes entreprises, tandis que Theodore Roosevelt a renforcé le soutien des petites entreprises en adoptant une politique de démantèlement des trusts. Il a choisi son successeur William Howard Taft en 1908, mais ils sont devenus ennemis lorsque le parti s'est divisé en deux. Taft ayant battu Roosevelt pour l'investiture de 1912, Roosevelt a quitté la convention en claquant la porte et a créé un nouveau parti. Roosevelt se présente sous la bannière de son nouveau parti, le Parti progressiste ("Bull Moose"). Il appelle à des réformes sociales, dont beaucoup seront plus tard défendues par les démocrates du New Deal dans les années 1930. Il a perdu et, lorsque la plupart de ses partisans sont retournés au GOP, ils ont constaté qu'ils n'étaient pas d'accord avec la nouvelle pensée économique conservatrice, ce qui a entraîné un glissement idéologique vers la droite au sein du parti républicain.

Les républicains sont revenus à la Maison Blanche tout au long des années 1920, en s'appuyant sur des programmes de normalité, d'efficacité commerciale et de droits de douane élevés. Le programme national du parti ne mentionnait pas la prohibition et se contentait d'un vague engagement en faveur de la loi et de l'ordre.

Warren G. Harding, Calvin Coolidge et Herbert Hoover sont élus de manière retentissante en 1920, 1924 et 1928, respectivement. Le scandale du Teapot Dome menace de nuire au parti, mais Harding meurt et l'opposition se divise en 1924. Les politiques pro-entreprises de la décennie semblent produire une prospérité sans précédent jusqu'à ce que le krach de Wall Street en 1929 annonce la Grande Dépression.

Roosevelt L'ère du New Deal

La coalition du New Deal forgée par le démocrate Franklin D. Roosevelt a contrôlé la politique américaine pendant la majeure partie des trois décennies suivantes, à l'exception du mandat de deux ans du républicain Dwight D. Eisenhower. Après l'entrée en fonction de Roosevelt en 1933, la législation du New Deal a été adoptée par le

Congrès et l'économie s'est nettement redressée après avoir atteint son point le plus bas au début de l'année 1933. Toutefois, le chômage de longue durée est resté un frein jusqu'en 1940. Lors des élections de mi-mandat de 1934, 10 sénateurs républicains ont été battus, laissant le GOP avec seulement 25 sénateurs contre 71 démocrates. De même, la Chambre des représentants dispose d'une majorité écrasante de démocrates.

Le parti républicain s'est divisé en une majorité de "vieille droite" (basée dans le Midwest) et une aile libérale basée dans le Nord-Est qui soutenait une grande partie du New Deal. L'ancienne droite a vivement attaqué le "second New Deal", estimant qu'il représentait la lutte des classes et le socialisme. Roosevelt est réélu haut la main en 1936 ; cependant, au début de son second mandat, l'économie décline, les grèves se multiplient et il ne parvient pas à prendre le contrôle de la Cour suprême ni à purger le Parti démocrate des conservateurs du Sud. Les républicains font un retour en force lors des élections de 1938 et comptent de nouvelles étoiles montantes telles que Robert A. Taft (Ohio) à droite et Thomas E. Dewey (New York) à gauche. Les conservateurs du Sud s'associent à la plupart des républicains pour former la coalition conservatrice, qui domine les questions intérieures au Congrès jusqu'en 1964. Les deux partis se divisent sur les questions de politique étrangère, les isolationnistes anti-guerre dominant le parti républicain et les interventionnistes désireux d'arrêter Adolf Hitler dominant le parti démocrate. Roosevelt remporte un troisième et un quatrième mandat, respectivement en 1940 et 1944. Les conservateurs ont aboli la majeure partie du New Deal pendant la guerre, mais ils n'ont pas tenté de supprimer la sécurité sociale ou les organismes de réglementation des entreprises.

L'historien George H. Nash affirme :

Contrairement au bloc des républicains "modérés", internationalistes, essentiellement orientaux, qui acceptaient (ou du moins acquiesçaient) une partie de la "révolution Roosevelt" et les principes essentiels de la politique étrangère du président Harry S. Truman, la droite républicaine était, au fond, contre-révolutionnaire. Anti-collectivistes, anti-communistes, anti-New Deal, passionnément attachés à un gouvernement limité, à l'économie de marché et aux prérogatives du Congrès (par opposition à celles de l'exécutif), les conservateurs du G.O.P. ont été obligés dès le départ de mener une guerre constante sur deux fronts : contre les démocrates libéraux de l'extérieur et les républicains "me-too" de l'intérieur.

Après 1945, l'aile internationaliste du GOP a coopéré avec la politique étrangère de guerre froide de Truman, a financé le plan Marshall et a soutenu l'OTAN, malgré l'isolationnisme persistant de la vieille droite.

Deuxième moitié du vingtième siècle

La seconde moitié du XXe siècle a vu l'élection ou la succession des présidents républicains Dwight D. Eisenhower, Richard Nixon, Gerald Ford, Ronald Reagan et George H. W. Bush. Eisenhower avait battu le sénateur Robert A. Taft, leader conservateur, pour l'investiture de 1952, mais les conservateurs ont dominé la politique intérieure de l'administration Eisenhower. Les électeurs aimaient Eisenhower bien plus qu'ils n'aimaient le GOP et il s'est avéré incapable de faire évoluer le parti vers une position plus modérée. Depuis 1976, le libéralisme a pratiquement disparu du parti républicain, à l'exception de quelques irréductibles du nord-est.

De Goldwater à Reagan (1964-1980)

Les historiens considèrent l'élection présidentielle américaine de 1964 et la Convention nationale républicaine de 1964 comme un changement significatif, qui a vu l'aile conservatrice, dirigée par le sénateur Barry Goldwater de l'Arizona, affronter le gouverneur libéral de New York Nelson Rockefeller et sa faction républicaine éponyme Rockefeller pour l'investiture du parti à la présidence. Goldwater étant sur le point de l'emporter, Rockefeller, pressé de mobiliser sa faction libérale, cède : "Tu es en train de regarder, mon pote. Je suis tout ce qui reste". Bien que Goldwater ait perdu haut la main, Reagan se fera connaître comme l'un de ses principaux partisans tout au long de la campagne, prononçant pour lui le discours "A Time for Choosing" (L'heure des choix). Deux ans plus tard, il devient gouverneur de Californie et, en 1980, remporte la présidence.

L'ère Reagan (1980-1994)

La présidence de Reagan, qui a duré de 1981 à 1989, a constitué ce que l'on appelle la "révolution Reagan". Elle a été considérée comme un changement fondamental par rapport à la stagflation des années 1970 qui l'avait précédée, avec l'introduction des "Reaganomics" visant à

réduire les impôts, à donner la priorité à la
déréglementation du gouvernement et à transférer des
fonds de la sphère intérieure vers la sphère militaire afin
d'endiguer l'Union soviétique en recourant à la théorie de
la dissuasion. Lors d'une visite à Berlin-Ouest en juin
1987, il s'est adressé au dirigeant soviétique Mikhaïl
Gorbatchev lors d'un discours devant le mur de Berlin, lui
demandant de "démolir ce mur". Cette remarque a été
ignorée à l'époque, mais après la chute du mur en 1989,
elle a été réinterprétée rétroactivement comme une grande
réussite au fil des ans.

Après avoir quitté le pouvoir en 1989, Reagan est devenu
une icône républicaine conservatrice. Les candidats
républicains à la présidence se réclamaient souvent de
ses opinions et cherchaient à s'imposer, avec leurs
politiques, comme l'héritier le plus approprié de son
héritage.

Le vice-président Bush a remporté une victoire écrasante
lors des élections générales de 1988. Cependant, son
mandat a été marqué par une division au sein du parti
républicain. La vision de Bush en matière de libéralisation
économique et de coopération internationale avec les

nations étrangères a donné lieu à la négociation et à la signature de l'Accord de libre-échange nord-américain (ALENA) et aux prémices conceptuelles de l'Organisation mondiale du commerce. L'homme d'affaires et politicien indépendant Ross Perot a décrié l'ALENA et prophétisé qu'il conduirait à la délocalisation des emplois américains vers le Mexique, tandis que le démocrate Bill Clinton a trouvé un accord avec les politiques de Bush. Bush a été réélu en 1992 avec 37 % du vote populaire, Clinton obtenant 43 % et Perot 19 %. Si l'on peut se demander si la candidature de Perot a coûté la réélection de Bush, Charlie Cook, du *Cook Political Report,* affirme que le message de Perot a eu plus de poids auprès des électeurs républicains et conservateurs en général. Perot a créé le Reform Party et ceux qui avaient été ou allaient devenir d'éminents républicains ont été brièvement membres, comme l'ancien directeur de la communication de la Maison Blanche, Pat Buchanan, et plus tard le président Donald Trump.

La révolution Gingrich (1994-2000)

Lors de la révolution républicaine de 1994, le parti, dirigé par Newt Gingrich, whip de la minorité à la Chambre des

représentants, qui a fait campagne sur le "Contrat avec l'Amérique", a remporté la majorité dans les deux chambres du Congrès, gagné 12 postes de gouverneur et repris le contrôle de 20 assemblées législatives d'État. (Toutefois, la plupart des électeurs n'avaient pas entendu parler de ce contrat et la victoire républicaine a été attribuée au redécoupage des circonscriptions, au vote traditionnel de mi-mandat contre les candidats sortants et au fait que les républicains sont devenus le parti majoritaire dans l'État de Dixie pour la première fois depuis la Reconstruction). C'est la première fois que le Parti républicain obtient la majorité à la Chambre des représentants depuis 1952. Gingrich a été nommé président de la Chambre et, dans les 100 premiers jours de la majorité républicaine, toutes les propositions du Contrat avec l'Amérique ont été adoptées, à l'exception de la limitation du nombre de mandats des membres du Congrès, qui n'a pas été adoptée par le Sénat. L'une des clés du succès de Gingrich en 1994 a été la nationalisation de l'élection, ce qui a permis à Gingrich de devenir une figure nationale lors des élections législatives de 1996, de nombreux dirigeants démocrates proclamant que Gingrich était un radical zélé. Les républicains ont conservé leur majorité pour la première fois depuis 1928, bien que le
28

ticket présidentiel Bob Dole-Jack Kemp ait été largement battu par le président Clinton lors de l'élection générale. Toutefois, le profil national de Gingrich s'est avéré préjudiciable au Congrès républicain, qui a bénéficié de l'approbation de la majorité des électeurs malgré la relative impopularité de Gingrich.

Après que Gingrich et les républicains aient conclu un accord avec Clinton sur la loi de 1997 sur l'équilibre budgétaire, qui prévoyait de nouvelles réductions d'impôts, la majorité républicaine de la Chambre des représentants a eu du mal à se mettre d'accord sur un nouveau programme avant les élections de mi-mandat de 1998. Au cours de la procédure de mise en accusation de Bill Clinton en 1998, Gingrich a décidé de faire de la mauvaise conduite de Clinton le message du parti à l'approche des élections de mi-mandat, pensant que cela renforcerait leur majorité. Cette stratégie s'est avérée erronée et les Républicains ont perdu cinq sièges, bien que la question de savoir si cela était dû à un mauvais message ou à la popularité de Clinton qui a eu un effet d'entraînement soit débattue. Gingrich a été évincé du pouvoir du parti à la suite de cette performance et a finalement décidé de démissionner du Congrès. Peu de temps après, il semble que Bob Livingston, représentant de la Louisiane, devienne son successeur. Cependant, Livingston se retire de la course et démissionne du Congrès après que des rapports d'affaires préjudiciables aient menacé le programme législatif de la Chambre républicaine s'il devait occuper le poste de président du Parlement. Dennis Hastert, représentant de l'Illinois, a été promu président de la Chambre à la place de Livingston, poste qu'il a occupé jusqu'en 2007.

XXIe siècle

L'équipe républicaine composée de George W. Bush et de Dick Cheney a remporté les élections présidentielles de 2000 et de 2004. Bush a fait campagne en tant que "conservateur compatissant" en 2000, souhaitant mieux attirer les immigrants et les électeurs issus des minorités. L'objectif était de donner la priorité aux programmes de réhabilitation des toxicomanes et à l'aide à la réinsertion des prisonniers dans la société, afin de capitaliser sur les initiatives plus sévères du président Bill Clinton en matière de criminalité, telles que la loi sur la criminalité adoptée par son administration en 1994. Le programme n'a pas réussi à s'imposer auprès des membres du parti pendant sa présidence.

Avec l'investiture de Bush à la présidence, le parti républicain est resté relativement soudé pendant la majeure partie des années 2000, les libertaires économiques et les conservateurs sociaux s'opposant aux démocrates, qu'ils considéraient comme le parti d'un gouvernement gonflé, séculaire et libéral. Cette période a vu la montée en puissance des "conservateurs pro-gouvernementaux" - une partie essentielle de la base de Bush - un groupe considérable de républicains qui prônent une augmentation des dépenses publiques et un renforcement des réglementations couvrant à la fois l'économie et la vie privée, ainsi qu'une politique étrangère activiste et interventionniste. Des groupes d'enquête tels que le Pew Research Center ont constaté que les conservateurs sociaux et les partisans de l'économie de marché restaient les deux autres groupes principaux au sein de la coalition de soutien du parti, ces trois groupes étant à peu près égaux en nombre. Toutefois, les libertaires et les conservateurs à tendance libertaire ont de plus en plus critiqué ce qu'ils considèrent comme une restriction des libertés civiles essentielles par les

31

républicains, alors que le bien-être des entreprises et la dette nationale ont considérablement augmenté sous le mandat de Bush. En revanche, certains conservateurs sociaux ont exprimé leur mécontentement face au soutien apporté par le parti à des politiques économiques contraires à leurs valeurs morales.

Le Parti républicain a perdu sa majorité au Sénat en 2001 lorsque le Sénat a été divisé en deux parties égales ; néanmoins, les républicains ont conservé le contrôle du Sénat grâce au vote décisif du vice-président Cheney. Les démocrates ont pris le contrôle du Sénat le 6 juin 2001, lorsque le sénateur républicain Jim Jeffords, du Vermont, a changé d'affiliation pour devenir démocrate. Les républicains ont repris la majorité au Sénat lors des élections de 2002, et les majorités républicaines à la Chambre et au Sénat se sont maintenues jusqu'à ce que les démocrates reprennent le contrôle des deux chambres lors des élections de mi-mandat de 2006.

En 2008, le sénateur républicain John McCain de l'Arizona et la gouverneure Sarah Palin de l'Alaska ont été battus par les sénateurs démocrates Barack Obama et Joe Biden, respectivement de l'Illinois et du Delaware.

Modernité (2010-aujourd'hui)

Les Républicains ont remporté un succès électoral lors de la vague électorale de 2010, qui a coïncidé avec la montée en puissance du mouvement Tea Party, un mouvement de protestation anti-Obama composé de conservateurs fiscaux. Les membres du mouvement réclament une baisse des impôts, une réduction de la dette nationale des États-Unis et du déficit budgétaire fédéral par une diminution des dépenses publiques. Il a également été décrit comme un mouvement constitutionnel populaire composé d'un mélange d'activisme libertaire, populiste de droite et conservateur. Ce succès a commencé avec la victoire inattendue de Scott Brown aux élections sénatoriales spéciales du Massachusetts, pour un siège détenu depuis des décennies par les frères Kennedy, démocrates. Lors des élections de novembre, les républicains ont repris le contrôle de la Chambre des représentants, augmenté leur nombre de sièges au Sénat et obtenu la majorité des postes de gouverneurs. Le Tea Party continuera à influencer fortement le Parti républicain, en partie grâce au remplacement des républicains de l'establishment par des républicains du style Tea Party.

33

Lorsque Barack Obama et Joe Biden ont été réélus en 2012, face au tandem Mitt Romney-Paul Ryan, les Républicains ont perdu sept sièges à la Chambre des représentants lors des élections législatives de novembre, mais ont conservé le contrôle de cette chambre. Toutefois, les républicains n'ont pas réussi à prendre le contrôle du Sénat, restant minoritaires avec une perte nette de deux sièges. À la suite de cette défaite, certaines personnalités républicaines se sont élevées contre leur propre parti. Un bilan des élections de 2012 réalisé par le Parti républicain a conclu que le parti devait faire plus au niveau national pour attirer les votes des minorités et des jeunes électeurs. En mars 2013, le président du comité national, Reince Priebus, a dressé un bilan cinglant des échecs électoraux du parti en 2012, appelant les républicains à se réinventer et à soutenir officiellement la réforme de l'immigration. Il a déclaré : "Il n'y a pas une seule raison pour laquelle nous n'avons pas été élus : "Il n'y a pas une seule raison pour laquelle nous avons perdu. Notre message était faible, notre action sur le terrain était insuffisante, nous n'étions pas inclusifs, nous étions en retard sur les données et le numérique, et notre processus de primaires et de débats devait être amélioré". Il a proposé 219 réformes, dont une campagne de marketing de 10 millions de dollars pour atteindre les femmes, les minorités et les homosexuels, la mise en place d'une saison des primaires plus courte et mieux contrôlée, et la création de meilleurs moyens de collecte de données.

À l'issue des élections de mi-mandat de 2014, le Parti républicain a pris le contrôle du Sénat en gagnant neuf sièges. Avec un total final de 247 sièges (57 %) à la Chambre et 54 sièges au Sénat, les Républicains ont finalement obtenu leur plus grande majorité au Congrès depuis le 71e Congrès en 1929.

Présidence de Donald Trump (2016-2020)

L'élection du républicain Donald Trump à la présidence en 2016 a marqué un tournant populiste au sein du parti républicain. La défaite de Trump face à la candidate démocrate Hillary Clinton était inattendue, car les sondages donnaient Clinton en tête de la course. La victoire de Trump a été alimentée par des victoires étroites dans trois États - le Michigan, la Pennsylvanie et le Wisconsin - qui avaient traditionnellement fait partie du mur bleu démocrate pendant des décennies. Selon NBC News, "le pouvoir de Trump est venu de sa 'majorité

35

silencieuse' - les électeurs blancs de la classe ouvrière qui se sentaient moqués et ignorés par l'establishment, vaguement défini par les intérêts spéciaux à Washington, les organes de presse à New York et les faiseurs de goût à Hollywood. Il a gagné la confiance de cette base en abandonnant l'orthodoxie de l'establishment républicain sur des questions telles que le commerce et les dépenses publiques, au profit d'un message nationaliste plus large".

Après les élections de 2016, les républicains ont conservé la majorité au Sénat, à la Chambre des représentants et aux postes de gouverneurs des États, et ont exercé un pouvoir exécutif nouvellement acquis avec l'élection de M. Trump à la présidence. En 2017, le Parti républicain a contrôlé 69 des 99 chambres législatives des États, le plus grand nombre qu'il ait jamais détenu dans l'histoire, et au moins 33 postes de gouverneur, le plus grand nombre qu'il ait détenu depuis 1922. Le parti a exercé un contrôle total sur le gouvernement (chambres législatives et poste de gouverneur) dans 25 États, le plus grand nombre depuis 1952 ; le parti démocrate opposé n'a exercé un contrôle total que dans cinq États. À l'issue des élections de mi-mandat de 2018, les républicains ont perdu le contrôle de la Chambre des représentants, mais ont renforcé leur emprise sur le Sénat.

Au cours de son mandat, Donald Trump a nommé trois juges à la Cour suprême : Neil Gorsuch, Brett Kavanaugh et Amy Coney Barrett - le plus grand nombre de nominations d'un président en un seul mandat depuis son collègue républicain Richard Nixon. Il a nommé 260 juges au total, créant des majorités globales nommées par les républicains dans chaque branche du pouvoir judiciaire fédéral, à l'exception du Tribunal de commerce international, au moment où il a quitté ses fonctions, faisant ainsi basculer le pouvoir judiciaire vers la droite. Parmi les autres réalisations notables de sa présidence figurent l'adoption de la loi sur les réductions d'impôts et les emplois (Tax Cuts and Jobs Act) en 2017, la création de l'United States Space Force - le premier nouveau service militaire indépendant depuis 1947 - et la négociation des accords d'Abraham, une série d'accords de normalisation entre Israël et divers États arabes. Le Parti républicain n'a pas produit de programme officiel avant les élections de 2020, se contentant d'approuver "le programme de l'Amérique d'abord du président", ce qui a suscité des comparaisons avec les programmes des partis

37

russes et chinois contemporains axés sur les dirigeants. Trump a été mis en accusation par la Chambre des représentants le 18 décembre 2019 pour abus de pouvoir et obstruction au Congrès. Il a été acquitté par le Sénat le 5 février 2020. Trump a perdu sa réélection face à Joe Biden en 2020, mais a refusé de céder, invoquant une fraude électorale généralisée et tentant de renverser les résultats, ce à quoi beaucoup attribuent l'attaque du Capitole par ses partisans le 6 janvier 2021. À la suite de cette attaque, la Chambre des représentants a mis Trump en accusation pour la deuxième fois pour incitation à l'insurrection, faisant de lui le seul titulaire d'une fonction fédérale dans l'histoire des États-Unis à avoir été mis en accusation deux fois. Il quitte ses fonctions le 20 janvier 2021, mais le procès en destitution se poursuit pendant les premières semaines de l'administration Biden, Trump étant finalement acquitté une seconde fois par le Sénat le 13 février 2021.

Présidence Biden (2021-présent)

En 2022, les juges de la Cour suprême nommés par M. Trump se sont révélés décisifs dans des décisions historiques sur les droits des armes à feu et l'avortement.

Les républicains ont abordé les élections de mi-mandat de cette année-là confiants et avec la plupart des analystes électoraux prédisant une vague rouge, mais le parti n'a pas obtenu les résultats escomptés, les électeurs des swing states et des districts compétitifs se joignant aux démocrates pour rejeter les candidats soutenus par Trump ou qui niaient les résultats de l'élection de 2020. Le parti a remporté la Chambre des représentants, mais avec une faible majorité, alors qu'une large majorité était attendue pendant la majeure partie du cycle, et a perdu le Sénat, ce qui a conduit de nombreux républicains et leaders d'opinion conservateurs à se demander si M. Trump devait continuer à être la figure de proue et le leader du parti. Le gouverneur de Floride Ron DeSantis, qui a été réélu à l'issue d'une victoire historique et que de nombreux analystes considèrent comme le plus grand vainqueur des midterms, est le nom qui a été le plus souvent évoqué pour désigner le futur chef du parti.

40

Factions du parti républicain

Le parti républicain comprend plusieurs factions. Au 21e siècle, les factions républicaines comprennent les conservateurs, les libéraux de droite, les centristes et les populistes. Il existe d'importantes divisions au sein du parti sur les questions de l'avortement, du mariage homosexuel et du libre-échange.

Conservateurs

Depuis l'élection présidentielle de Ronald Reagan en 1980, le conservatisme américain est la faction dominante du parti républicain. La plupart des conservateurs modernes combinent le soutien aux politiques économiques de libre marché avec le conservatisme social et une approche faucon de la politique étrangère. Ils soutiennent généralement des politiques qui favorisent un gouvernement limité, l'individualisme, le traditionalisme, le républicanisme et un pouvoir fédéral limité par rapport aux États.

Droite-libertaire

Le Parti républicain compte une importante faction droite-libertaire. Barry Goldwater a eu un impact considérable sur le mouvement conservateur-libertaire des années 1960. Par rapport aux autres républicains, ils sont plus enclins à favoriser la légalisation de la marijuana, les droits des LGBT tels que le mariage homosexuel, les droits sur les armes à feu, à s'opposer à la surveillance de masse et à soutenir les réformes des lois actuelles relatives à la confiscation des avoirs civils. Les libertariens de droite sont très divisés sur la question de l'avortement.

Parmi les conservateurs libertaires les plus en vue au sein du Parti républicain figurent le gouverneur du New Hampshire Chris Sununu, le représentant du Kentucky Thomas Massie et le sénateur Rand Paul, ainsi que la sénatrice du Wyoming Cynthia Lummis.

Droite religieuse et populisme

Depuis la montée de la droite chrétienne dans les années 1970, le parti républicain bénéficie d'un soutien important de la part des catholiques romains traditionalistes et des évangéliques.

Par rapport aux autres républicains, la droite religieuse et la faction populiste de droite du parti sont plus susceptibles de s'opposer aux droits des LGBT, à la légalisation de la marijuana, à l'immigration, au libre-échange et aux lois sur la protection de l'environnement. Donald Trump, Lauren Boebert et Marjorie Taylor Greene en sont des exemples marquants.

Depuis la guerre des Six Jours en 1967, la droite chrétienne a généralement soutenu les liens étroits entre les États-Unis et Israël, bien que cette position ait récemment changé dans une certaine mesure. Le soutien à Israël est nettement moins important chez les jeunes évangéliques. Entre 2018 et 2021, le soutien à Israël parmi les évangéliques âgés de 18 à 29 ans a chuté de 75 % à 34 %. Une minorité croissante d'évangéliques s'est identifiée comme antisioniste.

Centriste

Parmi les républicains centristes notables figurent le gouverneur du Vermont Phil Scott, l'ancien gouverneur du Massachusetts Charlie Baker et l'ancien gouverneur du Maryland Larry Hogan.

Historique

Au cours du 19e siècle, les factions républicaines comprenaient les Républicains radicaux. Ils ont constitué un facteur majeur du parti depuis sa création en 1854 jusqu'à la fin de l'ère de la Reconstruction en 1877. Ils s'opposaient fermement à l'esclavage, étaient des abolitionnistes purs et durs et, plus tard, prônèrent l'égalité des droits pour les affranchis et les femmes. En général, ils étaient fortement influencés par les idéaux religieux et le christianisme évangélique ; nombre d'entre eux étaient des réformateurs chrétiens qui considéraient l'esclavage comme un mal et la guerre civile comme une punition de Dieu [1ff.] Les républicains radicaux ont fait de l'abolition un objectif de guerre majeur et se sont opposés aux plans de reconstruction modérés d'Abraham Lincoln, qu'ils jugeaient trop indulgents à l'égard des Confédérés. Après la fin de la guerre et l'assassinat de Lincoln, les radicaux se sont opposés à Andrew Johnson sur la politique de reconstruction. Les radicaux ont mené des efforts après la guerre pour établir des droits civils pour les anciens esclaves et mettre pleinement en œuvre l'émancipation. Après l'échec des mesures prises en 1866, qui ont entraîné des violences à l'encontre des anciens esclaves dans les États rebelles, les radicaux ont fait adopter par le Congrès le quatorzième amendement, qui prévoit des protections statutaires. Ils s'opposent à ce que les anciens officiers confédérés reprennent le pouvoir politique dans le Sud des États-Unis et mettent l'accent sur la liberté, l'égalité, les droits civils et le droit de vote pour les "affranchis", c'est-à-dire les anciens esclaves qui ont été libérés pendant ou après la guerre de Sécession par la Proclamation d'émancipation et le Treizième Amendement.

Les Half-Breeds, qui soutiennent la réforme de la fonction publique, et les Stalwarts, qui soutiennent la politique des machines.

Au 20e siècle, les factions républicaines comprenaient les Républicains progressistes, la coalition Reagan et les Républicains libéraux de Rockefeller.

Nom et symboles

Les membres fondateurs du parti ont choisi le nom de Parti républicain au milieu des années 1850 en hommage aux valeurs républicaines promues par le Parti démocrate-républicain de Thomas Jefferson. L'idée de ce nom est née d'un éditorial du principal publiciste du parti, Horace Greeley, qui réclamait "un nom simple comme "Républicain" [qui] désignerait plus justement ceux qui se sont unis pour redonner à l'Union sa véritable mission de champion et de promoteur de la liberté plutôt que de propagandiste de l'esclavage". Ce nom reflète les valeurs républicaines de 1776, à savoir la vertu civique et l'opposition à l'aristocratie et à la corruption. Il est important de noter que le terme "républicain" a plusieurs significations dans le monde et que le parti républicain a évolué de telle sorte que ces significations ne sont plus toujours les mêmes.

Le terme "Grand Old Party" est un surnom traditionnel du Parti républicain, et l'abréviation "GOP" est une désignation couramment utilisée. L'expression est apparue en 1875 dans le *Congressional Record*, désignant le parti associé à la défense militaire réussie de l'Union comme "this gallant old party" (ce vieux parti galant). L'année suivante, dans un article du *Cincinnati Commercial*, le terme a été modifié en "grand old party". La première utilisation de l'abréviation date de 1884.

La mascotte traditionnelle du parti est l'éléphant. Une caricature politique de Thomas Nast, publiée dans *Harper's Weekly* le 7 novembre 1874, est considérée comme la première utilisation importante du symbole. Dans des États comme l'Indiana, New York et l'Ohio, le symbole alternatif du Parti républicain est le pygargue à tête blanche, par opposition au coq démocrate ou à l'étoile à cinq branches démocrate. Dans le Kentucky, la cabane en rondins est un symbole du Parti républicain (sans rapport avec l'organisation gay Log Cabin Republicans).

Traditionnellement, le parti n'avait pas d'identité de couleur cohérente. Après l'élection de 2000, la couleur rouge a été associée aux républicains. Pendant et après l'élection, les principaux réseaux de radiodiffusion ont utilisé le même schéma de couleurs pour la carte électorale : les États remportés par le candidat républicain George W. Bush étaient colorés en rouge et les États remportés par le candidat démocrate Al Gore étaient colorés en bleu. En

48

raison de la controverse qui a duré des semaines sur les résultats de l'élection, ces associations de couleurs sont devenues fermement ancrées et ont perduré les années suivantes. Bien que l'attribution de couleurs aux partis politiques soit officieuse et informelle, les médias en sont venus à représenter les partis politiques respectifs en utilisant ces couleurs. Le parti et ses candidats ont également adopté la couleur rouge.

REPUBLICAN PARTY
OF KENTUCKY

Politiques économiques

Les républicains estiment que les marchés libres et la réussite individuelle sont les principaux facteurs de la prospérité économique. Les républicains plaident souvent en faveur du conservatisme fiscal sous les administrations démocrates ; cependant, ils se sont montrés disposés à augmenter la dette fédérale lorsqu'ils sont à la tête du gouvernement (la mise en œuvre des réductions d'impôts de Bush, Medicare Part D et la loi de 2017 sur les réductions d'impôts et les emplois en sont des exemples). Bien qu'elles se soient engagées à réduire les dépenses publiques, les administrations républicaines ont, depuis la fin des années 1960, maintenu ou augmenté les niveaux antérieurs de dépenses publiques.

Impôts

Les positions du Parti républicain moderne en matière de politique économique, telles que mesurées par les votes au Congrès, tendent à s'aligner sur les intérêts des entreprises et des riches. Les républicains modernes défendent la théorie de l'économie de l'offre, selon laquelle des taux d'imposition plus bas augmentent la croissance économique. De nombreux républicains s'opposent à des taux d'imposition plus élevés pour les hauts revenus, qu'ils estiment injustement ciblés sur ceux qui créent des emplois et de la richesse. Ils estiment que les dépenses privées sont plus efficaces que les dépenses publiques. Les législateurs républicains ont également cherché à limiter le financement de l'application et de la collecte des impôts. Au niveau national et au niveau des États, les républicains ont tendance à mener des politiques de réduction des impôts et de déréglementation.

Bien-être

Les républicains estiment que les individus doivent être responsables de leur propre situation. Ils estiment également que le secteur privé est plus efficace pour aider les pauvres par le biais de la charité que le gouvernement ne l'est par le biais de programmes d'aide sociale et que les programmes d'aide sociale entraînent souvent une dépendance de l'État. En novembre 2022, les onze États qui n'ont pas étendu Medicaid ont des assemblées législatives contrôlées par les républicains.

Syndicats

Les républicains estiment que les entreprises devraient pouvoir établir leurs propres pratiques en matière d'emploi, y compris les avantages sociaux et les salaires, le marché libre décidant du prix du travail. Depuis les années 1920, les républicains se sont généralement heurtés à l'opposition des organisations syndicales et de leurs membres. Au niveau national, les républicains ont soutenu la loi Taft-Hartley de 1947, qui donne aux travailleurs le droit de ne pas se syndiquer. Au niveau des États, les républicains modernes soutiennent généralement diverses lois sur le droit au travail, qui interdisent les accords de sécurité syndicale obligeant tous les travailleurs d'un lieu de travail syndiqué à payer des cotisations ou un droit de partage équitable, qu'ils soient ou non membres du syndicat.

Salaire minimum

La plupart des républicains s'opposent aux augmentations du salaire minimum, estimant qu'elles nuisent aux entreprises en les obligeant à supprimer et à délocaliser des emplois tout en répercutant les coûts sur les consommateurs.

Politiques environnementales

Historiquement, les leaders progressistes du parti républicain ont soutenu la protection de l'environnement. Le président républicain Theodore Roosevelt était un grand défenseur de l'environnement, dont les politiques ont abouti à la création du Service des parcs nationaux. Le président républicain Richard Nixon n'était pas un écologiste, mais il a signé la loi créant l'Agence de protection de l'environnement en 1970 et a mis en place un programme environnemental complet. Toutefois, cette position a changé depuis les années 1980 et l'administration du président Ronald Reagan, qui a qualifié les réglementations environnementales de fardeau pour l'économie. Depuis lors, les républicains prennent de plus en plus souvent position contre la réglementation environnementale, et nombre d'entre eux rejettent le consensus scientifique sur le changement climatique.

En 2006, Arnold Schwarzenegger, alors gouverneur de Californie, a rompu avec l'orthodoxie républicaine en signant plusieurs projets de loi imposant des plafonds d'émissions de carbone en Californie. Le président de l'époque, George W. Bush, s'est opposé à l'imposition de plafonds obligatoires au niveau national. La décision de Bush de ne pas réglementer le dioxyde de carbone en tant que polluant a été contestée par 12 États devant la Cour suprême, qui a statué contre l'administration Bush en 2007. M. Bush s'est également opposé publiquement à la ratification des protocoles de Kyoto, qui visaient à limiter les émissions de gaz à effet de serre et à lutter ainsi contre le changement climatique ; sa position a été fortement critiquée par les climatologues.

Le Parti républicain rejette la politique de plafonnement et d'échange visant à limiter les émissions de carbone. Dans les années 2000, le sénateur John McCain a proposé des projets de loi (tels que le McCain-Lieberman Climate Stewardship Act) qui auraient réglementé les émissions de carbone, mais sa position sur le changement climatique était inhabituelle parmi les membres de haut rang du parti. Certains candidats républicains ont soutenu le développement de carburants alternatifs afin d'assurer l'indépendance énergétique des États-Unis. Certains républicains sont favorables à l'augmentation des forages pétroliers dans des zones protégées telles que la Réserve naturelle nationale de l'Arctique, une position qui a suscité des critiques de la part des activistes.

Sous la présidence de Barack Obama, de nombreux républicains se sont opposés aux nouvelles réglementations environnementales de son administration, telles que celles relatives aux émissions de carbone provenant du charbon. En particulier, de nombreux républicains ont soutenu la construction de l'oléoduc Keystone ; cette position a été soutenue par les entreprises, mais combattue par les groupes de peuples indigènes et les défenseurs de l'environnement.

Selon le Center for American Progress, un groupe de défense libéral à but non lucratif, plus de 55 % des républicains du Congrès niaient l'existence du changement climatique en 2014. En mai 2014, PolitiFact a constaté que "relativement peu de membres républicains du Congrès (...) acceptent la conclusion scientifique dominante selon laquelle le réchauffement climatique est à la fois réel et causé par l'homme". Le groupe a trouvé huit membres qui l'ont reconnu, tout en reconnaissant qu'il pourrait y en avoir plus et que tous les membres du Congrès n'ont pas pris position sur la question.

De 2008 à 2017, le Parti républicain est passé d'un "débat sur la manière de lutter contre le changement climatique causé par l'homme à l'affirmation qu'il n'existe pas", selon le *New York Times*. En janvier 2015, le Sénat américain, dirigé par les républicains, a voté à 98 contre 1 une résolution reconnaissant que "le changement climatique est réel et n'est pas un canular" ; toutefois, un amendement stipulant que "l'activité humaine contribue de manière significative au changement climatique" n'a été soutenu que par cinq sénateurs républicains.

Soins de santé

Le parti s'oppose à un système de soins de santé à payeur unique, qu'il qualifie de médecine socialisée. Le Parti républicain a un bilan mitigé : il soutient les programmes historiquement populaires de la sécurité sociale, de Medicare et de Medicaid, et s'oppose à la loi sur les soins abordables (Affordable Care Act) et à l'extension de Medicaid. Historiquement, le Parti républicain et le Parti démocrate ont toujours eu des opinions diverses et convergentes sur le rôle du gouvernement dans les soins de santé, mais les deux partis se sont fortement polarisés sur le sujet à partir de 2008-2009.

Tant les républicains que les démocrates ont fait diverses propositions pour établir une assurance maladie pour les personnes âgées financée par le gouvernement fédéral avant l'effort bipartisan pour établir Medicare et Medicaid en 1965. Le parti républicain s'oppose à la loi sur les soins abordables (Affordable Care Act), aucun membre républicain du Congrès n'ayant voté en sa faveur en 2009 et les républicains ayant souvent tenté par la suite d'abroger la législation. Au niveau des États, le parti a eu tendance à adopter une position contre l'expansion de Medicaid.

Selon un sondage *YouGov réalisé* en 2023, les républicains sont plus enclins à s'opposer aux modifications médicales des personnes intersexuées que les démocrates.

Politique étrangère

Le Parti républicain a toujours été sceptique et opposé au multilatéralisme dans la politique étrangère américaine. Le néoconservatisme, qui soutient l'unilatéralisme et met l'accent sur l'usage de la force et le caractère faucon de la politique étrangère américaine, a été un courant de pensée dominant en matière de politique étrangère dans toutes les administrations présidentielles républicaines depuis la présidence de Ronald Reagan. Certains, dont les paléoconservateurs, appellent au non-interventionnisme et à une politique étrangère "America First" (l'Amérique d'abord). Cette faction s'est renforcée à partir de 2016 avec la montée en puissance de Donald Trump, exigeant que les États-Unis remettent à plat leur politique étrangère interventionniste antérieure et encouragent leurs alliés et partenaires à prendre davantage de responsabilités.

Guerre contre le terrorisme

Depuis les attaques terroristes du 11 septembre 2001, de nombreux membres du parti ont soutenu les politiques néoconservatrices en ce qui concerne la guerre contre la terreur, y compris la guerre en Afghanistan et la guerre en Irak. L'administration de George W. Bush a adopté la position selon laquelle les Conventions de Genève ne s'appliquent pas aux combattants illégaux, tandis que d'autres républicains de premier plan, tels que Ted Cruz, s'opposent fermement à l'utilisation de techniques d'interrogatoire renforcées, qu'ils considèrent comme de la torture.

Aide étrangère

Les républicains ont souvent plaidé en faveur d'une restriction de l'aide étrangère afin d'affirmer la sécurité nationale et les intérêts des États-Unis en matière d'immigration.

Relations extérieures

Le Parti républicain soutient généralement une alliance forte avec Israël et les efforts visant à garantir la paix au Moyen-Orient entre Israël et ses voisins arabes. Ces dernières années, les républicains ont commencé à s'éloigner de l'approche de la solution à deux États pour résoudre le conflit israélo-palestinien. Lors d'un sondage réalisé en 2014, 59 % des républicains se sont prononcés en faveur d'une réduction des interventions à l'étranger et d'une concentration sur les problèmes du pays.

Selon le programme de 2016, la position du parti sur le statut de Taïwan est la suivante : "Nous nous opposons à

toute mesure unilatérale prise par l'une ou l'autre partie
pour modifier le statu quo dans le détroit de Taïwan, en
partant du principe que toutes les questions relatives à
l'avenir de l'île doivent être résolues pacifiquement, par le
dialogue, et être approuvées par le peuple taïwanais". En
outre, si "la Chine devait violer ces principes, les États-
Unis, conformément à la loi sur les relations avec Taiwan,
aideront Taiwan à se défendre".

Politiques sociales

Le parti républicain est généralement associé à des
politiques sociales conservatrices, bien qu'il compte des
factions centristes et libertaires dissidentes. Les
conservateurs sociaux soutiennent les lois qui défendent
leurs valeurs traditionnelles, comme l'opposition au
mariage homosexuel, à l'avortement et à la marijuana. Les
positions du parti républicain sur les questions sociales et
culturelles sont en partie le reflet du rôle influent que la
droite chrétienne a joué au sein du parti depuis les années
1970. La plupart des républicains conservateurs
s'opposent également au contrôle des armes à feu, à la
discrimination positive et à l'immigration clandestine.

61

Avortement et recherche sur les cellules souches embryonnaires

La position républicaine sur l'avortement a considérablement évolué au fil du temps. Au cours des années 1960 et au début des années 1970, l'opposition à l'avortement était concentrée parmi les membres de la gauche politique et du parti démocrate ; la plupart des protestants libéraux et des catholiques - qui avaient tendance à voter pour le parti démocrate - s'opposaient à l'élargissement de l'accès à l'avortement, tandis que la plupart des protestants évangéliques conservateurs y étaient favorables.

Au cours de cette période, les républicains étaient généralement plus favorables à la légalisation de l'avortement que les démocrates, bien que l'on puisse constater une hétérogénéité significative au sein des deux partis. Les principales figures politiques républicaines, telles que Ronald Reagan, Richard Nixon, Gerald Ford et George H.W. Bush, ont adopté des positions pro-choix jusqu'au début des années 1980. Toutefois, à partir de cette date, George H.W. Bush et Ronald Reagan se sont tous deux décrits comme pro-vie pendant leur présidence.

Au 21e siècle, George W. Bush et Donald Trump se sont tous deux décrits comme "pro-vie" pendant leur mandat. Cependant, Trump a déclaré qu'il soutenait la légalité et l'éthique de l'avortement avant sa candidature en 2015.

Résumant l'évolution rapide des positions républicaines et démocrates sur l'avortement, Sue Halpern écrit :

...à la fin des années 1960 et au début des années 1970, de nombreux républicains ont soutenu les efforts visant à libéraliser, voire à dépénaliser l'avortement ; ils étaient le parti du choix en matière de procréation, tandis que les démocrates, avec leurs nombreux électeurs catholiques, étaient dans l'opposition. En 1967, le gouverneur républicain Ronald Reagan a signé la loi californienne sur l'avortement thérapeutique, l'une des plus libérales du pays, légalisant l'avortement pour les femmes dont la santé mentale ou physique serait altérée par la grossesse, ou dont la grossesse est le résultat d'un viol ou d'un inceste. La même année, la Caroline du Nord et le Colorado, bastions républicains, ont facilité l'accès des femmes à l'avortement. L'État de New York, dirigé par le gouverneur républicain Nelson Rockefeller, a éliminé toutes les restrictions imposées aux femmes souhaitant

63

interrompre leur grossesse jusqu'à la vingt-quatrième semaine de gestation.... Richard Nixon, Barry Goldwater, Gerald Ford et George H.W. Bush étaient tous pro-choix, et ils n'étaient pas des exceptions. En 1972, un sondage Gallup a révélé que 68 % des républicains estimaient que l'avortement était une affaire privée entre une femme et son médecin. Le gouvernement, disaient-ils, ne devrait pas être impliqué...

Depuis les années 1980, l'opposition à l'avortement est devenue plus forte au sein du parti parmi les catholiques traditionalistes et les protestants évangéliques conservateurs. À l'exception peut-être de l'épreuve de l'eau amère dans Nombres 5:11-31, la Bible ne mentionne pas le sujet de l'avortement et ne prend pas explicitement position sur cette pratique, bien que plusieurs versets aient été interprétés comme soutenant ou s'opposant à l'éthique de l'avortement. Au départ, les évangéliques étaient relativement indifférents à la cause de l'avortement et la considéraient majoritairement comme une préoccupation sectaire et catholique. L'historien Randall Balmer note que la revue *Christianity Today* de Billy Graham a publié en 1968 une déclaration du théologien Bruce Waltke selon laquelle : "Dieu ne considère pas le fœtus comme une âme, quel que soit le degré d'avancement de la gestation. La loi l'exige clairement : "Si un homme tue une vie humaine, il sera mis à mort" (Lev. 24:17). Mais selon Exode 21:22-24, la destruction du fœtus n'est pas un crime capital. ... Il est donc clair que, contrairement à la mère, le fœtus n'est pas considéré comme une âme". Typique de l'époque, *Christianity Today* "refusait de qualifier l'avortement de péché" et citait "la santé individuelle, le bien-être familial et la responsabilité sociale" comme "justifications pour mettre fin à une grossesse". Des convictions similaires étaient partagées par des personnalités conservatrices de la Convention baptiste du Sud, notamment W. A. Criswell, à qui l'on attribue en partie le lancement de la "résurgence conservatrice" au sein de l'organisation, qui a déclaré : "J'ai toujours pensé que l'avortement était un péché, mais je n'ai jamais eu l'intention de le pratiquer" : "J'ai toujours pensé que ce n'était qu'après la naissance d'un enfant et sa vie séparée de sa mère qu'il devenait une personne individuelle et il m'a toujours semblé, par conséquent, que ce qui est le mieux pour la mère et pour l'avenir devrait être autorisé". Selon Balmer, le fait que le christianisme évangélique américain soit intrinsèquement lié à l'opposition à l'avortement est relativement récent. Après la fin des

65

années 1970, écrit-il, l'opinion des évangéliques sur l'avortement a rapidement évolué en faveur de son interdiction.

Aujourd'hui, les sondages d'opinion montrent que les électeurs républicains sont fortement divisés sur la légalité de l'avortement, bien que la grande majorité des candidats du parti au niveau national et au niveau des États soient contre l'avortement et s'opposent à l'avortement volontaire pour des raisons religieuses ou morales. Si beaucoup préconisent des exceptions en cas d'inceste, de viol ou de mise en danger de la vie de la mère, le parti a approuvé en 2012 une plateforme prônant l'interdiction de l'avortement sans exception. Avant l'arrêt *Roe v. Wade* de 1973 de la Cour suprême (qui a rendu inconstitutionnelle l'interdiction du droit à l'avortement), les différences entre le Parti démocrate et le Parti républicain n'étaient pas très marquées, mais après cet arrêt, l'opposition à l'avortement est devenue une plate-forme nationale de plus en plus importante pour le Parti républicain. En conséquence, les évangéliques se sont rapprochés du parti républicain. La plupart des républicains s'opposent au financement public des fournisseurs d'avortement, notamment Planned

Parenthood. Ils soutiennent notamment l'amendement Hyde.

Jusqu'à sa dissolution en 2018, Republican Majority for Choice, un PAC pour le droit à l'avortement, a plaidé en faveur d'une modification de la plateforme du GOP pour y inclure des membres favorables au droit à l'avortement.

Le parti républicain a mené des politiques au niveau national et au niveau des États pour restreindre la recherche sur les cellules souches embryonnaires au-delà des lignes initiales parce qu'elle implique la destruction d'embryons humains.

Action positive

Les républicains sont généralement opposés à la discrimination positive en faveur des femmes et de certaines minorités, qu'ils décrivent souvent comme un "système de quotas" et qu'ils considèrent comme non méritocratique et contre-productive d'un point de vue social, car elle ne fait qu'encourager la discrimination. La position officielle du GOP est en faveur de politiques d'admission neutres sur le plan racial dans les universités, mais soutient la prise en compte du statut socio-
67

économique de l'étudiant. Le programme du Comité national républicain de 2012 déclarait : "Nous soutenons les efforts visant à aider les personnes à faible revenu à obtenir une chance équitable sur la base de leur potentiel et de leur mérite individuel ; mais nous rejetons les préférences, les quotas et les mises de côté comme étant les meilleures ou les seules méthodes permettant de parvenir à l'équité, que ce soit au sein du gouvernement, de l'éducation ou des conseils d'administration des entreprises... Le mérite, les capacités, les aptitudes et les résultats devraient être les facteurs qui déterminent l'avancement dans notre société."

Possession d'armes à feu

Les républicains soutiennent généralement les droits de propriété des armes à feu et s'opposent aux lois qui les réglementent. Les membres du parti et les indépendants de tendance républicaine sont deux fois plus susceptibles de posséder une arme que les démocrates et les indépendants de tendance démocrate.

La National Rifle Association, un groupe d'intérêt qui soutient la possession d'armes à feu, s'est toujours alignée

68

sur le parti républicain. À la suite des mesures de contrôle des armes à feu prises par l'administration Clinton, telles que la loi de 1994 sur le contrôle des crimes violents et l'application de la loi, les républicains se sont alliés à la NRA lors de la révolution républicaine de 1994. Depuis lors, la NRA a toujours soutenu les candidats républicains et leur a apporté un soutien financier, comme lors de l'élection de rappel du Colorado en 2013, qui a abouti à l'éviction de deux démocrates favorables au contrôle des armes au profit de deux républicains hostiles à ce contrôle.

En revanche, George H. W. Bush, ancien membre à vie de la NRA, s'est montré très critique à l'égard de l'organisation à la suite de sa réaction à l'attentat d'Oklahoma City, rédigée par le PDG Wayne LaPierre, et a démissionné publiquement en signe de protestation.

Légalisation des drogues

Les élus républicains ont toujours soutenu la guerre contre la drogue. Ils s'opposent à la légalisation ou à la dépénalisation des drogues telles que la marijuana.

L'opposition à la légalisation de la marijuana s'est considérablement atténuée au fil du temps parmi les électeurs républicains. Un sondage *Quinnipiac réalisé* en 2021 a révélé que 62 % des républicains étaient favorables à la légalisation de l'usage récréatif de la marijuana et que le soutien net en faveur de cette position était de +30 points.

L'immigration

Entre 1850 et 1870, le parti républicain était plus opposé à l'immigration que les démocrates, en partie parce qu'il s'appuyait à l'époque sur le soutien de partis anti-catholiques et anti-immigrants, tels que les "Know-Nothings". Dans les décennies qui ont suivi la guerre de Sécession, le parti républicain s'est montré plus favorable à l'immigration, car il représentait les fabricants du nord-est (qui voulaient de la main-d'œuvre supplémentaire), tandis que le parti démocrate était considéré comme le parti des travailleurs (qui voulaient moins de travailleurs pour faire face à la concurrence). À partir des années 1970, les partis ont à nouveau changé de place, les démocrates étant plus favorables à l'immigration que les républicains.

Les Républicains sont divisés sur la manière de faire face à l'immigration clandestine entre une plate-forme qui autorise les travailleurs migrants et une voie vers la citoyenneté pour les immigrés sans papiers (soutenue plutôt par l'establishment républicain), et une position axée sur la sécurisation de la frontière et l'expulsion des immigrés clandestins (soutenue par les populistes). En 2006, la Maison Blanche a soutenu et le Sénat dirigé par les Républicains a adopté une réforme globale de l'immigration qui permettrait à des millions d'immigrés clandestins de devenir citoyens, mais la Chambre des représentants (également dirigée par les Républicains) n'a pas fait avancer le projet de loi. Après la défaite de l'élection présidentielle de 2012, en particulier parmi les Latinos, plusieurs républicains ont préconisé une approche plus amicale à l'égard des immigrés. Toutefois, en 2016, les candidats ont adopté une position tranchée contre l'immigration clandestine, le candidat principal Donald Trump proposant de construire un mur le long de la frontière méridionale. Les propositions appelant à une réforme de l'immigration avec une voie d'accès à la citoyenneté pour les immigrés sans papiers ont attiré un large soutien républicain dans certains sondages. Lors d'un sondage réalisé en 2013, 60 % des républicains ont soutenu le concept de voie d'accès à la citoyenneté.

71

Questions LGBT

À l'instar du parti démocrate, la position des républicains sur les droits des LGBT a évolué de manière significative au fil du temps, et le soutien des deux partis sur cette question n'a cessé de croître. Une forte majorité d'électeurs républicains soutient aujourd'hui le mariage homosexuel, et l'opinion publique a évolué dans un sens nettement favorable. Toutefois, selon *FiveThirtyEight*, cette augmentation du soutien s'est produite plus rapidement parmi les électeurs républicains que parmi les élites du parti et les politiciens élus.

Avant les années 2000, les politiciens républicains et démocrates ont majoritairement adopté des positions hostiles aux droits des LGBT. Du début des années 2000 au milieu des années 2010, les républicains se sont opposés au mariage homosexuel, tout en étant divisés sur la question des unions civiles et des partenariats domestiques pour les couples de même sexe. Lors des élections de 2004, George W. Bush a fait campagne sur un amendement constitutionnel interdisant le mariage homosexuel ; beaucoup pensent que cela a aidé Bush à se faire réélire. En 2004 et en 2006, le président Bush, le chef de la majorité au Sénat, Bill Frist, et le chef de la majorité à la Chambre des représentants, John Boehner, ont fait la promotion de l'amendement fédéral sur le mariage, une proposition d'amendement constitutionnel qui limiterait légalement la définition du mariage aux couples hétérosexuels. Lors des deux tentatives, l'amendement n'a pas obtenu suffisamment de voix pour invoquer la procédure de clôture et n'a donc jamais été adopté. Alors que de plus en plus d'États ont légalisé le mariage homosexuel dans les années 2010, les républicains se sont montrés de plus en plus favorables à ce que chaque État puisse décider de sa propre politique en matière de mariage. Depuis 2014, la plupart des programmes des États du GOP expriment leur opposition au mariage entre personnes de même sexe. Le programme 2016 du GOP définit le mariage comme "le mariage naturel, l'union d'un homme et d'une femme" et condamne l'arrêt de la Cour suprême légalisant les mariages entre personnes de même sexe. Le programme de 2020 a conservé la formulation de 2016 contre le mariage homosexuel. Après son élection à la présidence en 2016, Donald Trump a déclaré qu'il n'avait aucune objection au mariage homosexuel ou à la décision de la Cour suprême dans l'affaire *Obergefell v. Hodges*, mais il avait auparavant

73

promis d'envisager de nommer un juge à la Cour suprême pour faire reculer ce droit constitutionnel. Au cours de son mandat, M. Trump a été le premier président républicain en exercice à reconnaître le Mois des fiertés LGBT. À l'inverse, l'administration Trump a interdit aux personnes transgenres de servir dans l'armée américaine et a supprimé d'autres protections pour les personnes transgenres qui avaient été promulguées sous la précédente présidence démocrate.

La plate-forme du parti républicain s'opposait auparavant à l'inclusion des homosexuels dans l'armée et à l'ajout de l'orientation sexuelle à la liste des classes protégées depuis 1992. Le Parti républicain s'est opposé à l'inclusion de la préférence sexuelle dans les lois anti-discrimination de 1992 à 2004. Les programmes du Parti républicain de 2008 et 2012 soutenaient les lois anti-discrimination fondées sur le sexe, la race, l'âge, la religion, les croyances, le handicap ou l'origine nationale, mais les deux programmes étaient muets sur l'orientation sexuelle et l'identité de genre. Le programme de 2016 s'opposait aux lois contre la discrimination fondée sur le sexe qui comportaient l'expression "orientation sexuelle".

Le 6 novembre 2021, la présidente du RNC, Ronna McDaniel, a annoncé la création de la "RNC Pride Coalition", en partenariat avec les Log Cabin Republicans, afin de promouvoir la sensibilisation des électeurs LGBTQ. Cependant, après l'annonce, McDaniel s'est excusée de ne pas avoir communiqué l'annonce à l'avance et a souligné que le nouveau programme de sensibilisation ne modifie pas la plateforme du GOP, adoptée pour la dernière fois en 2016. Le Log Cabin Republicans est un groupe au sein du Parti républicain qui représente les conservateurs LGBT et leurs alliés et qui défend les droits et l'égalité des LGBT.

Droits de vote

Ces dernières années, la quasi-totalité des restrictions au droit de vote ont été mises en œuvre par les républicains. Les républicains, principalement au niveau des États, affirment que les restrictions (telles que la purge des listes électorales, la limitation des lieux de vote et la limitation du vote anticipé et du vote par correspondance) sont vitales pour prévenir la fraude électorale, affirmant que la fraude électorale est un problème sous-estimé lors des élections. Les sondages ont révélé que le vote anticipé, l'inscription

75

automatique des électeurs et les lois sur l'identification des électeurs bénéficient d'un soutien majoritaire au sein de la population.

En défendant leurs restrictions au droit de vote, les républicains ont fait des affirmations fausses et exagérées sur l'ampleur de la fraude électorale aux États-Unis ; toutes les recherches existantes indiquent qu'elle est extrêmement rare, et les organisations de défense des droits civiques et du droit de vote accusent souvent les républicains de promulguer des restrictions pour influencer les élections en faveur de leur parti. De nombreuses lois ou réglementations restreignant le droit de vote adoptées par les républicains ont été contestées avec succès devant les tribunaux, qui ont annulé ces réglementations et accusé les républicains de les avoir établies dans un but partisan.

Après l'arrêt de la Cour suprême dans l'affaire *Shelby County v. Holder, qui a* annulé certains aspects de la loi de 1965 sur le droit de vote, les républicains ont réduit le nombre de votes anticipés, procédé à des purges sur les listes électorales et imposé des lois strictes en matière d'identification des électeurs. La plateforme républicaine de 2016 préconisait la preuve de la citoyenneté comme condition préalable à l'inscription sur les listes électorales et la présentation d'une pièce d'identité avec photo comme condition préalable à l'exercice du droit de vote.

Après que Donald Trump et ses alliés républicains ont fait de fausses déclarations de fraude lors de l'élection présidentielle de 2020, les républicains ont lancé une initiative nationale visant à imposer des lois électorales plus strictes au niveau des États. Ces projets de loi sont axés sur la limitation du vote par correspondance, le renforcement des lois sur l'identification des électeurs, la réduction de la durée du vote anticipé, l'élimination de l'inscription automatique des électeurs le jour même, la limitation de l'utilisation des urnes et l'autorisation d'une purge accrue des listes électorales. Les républicains d'au moins huit États ont également déposé des projets de loi qui donneraient aux législateurs un pouvoir accru sur l'administration des élections, après avoir tenté en vain de renverser les résultats des élections dans les États clés remportés par M. Biden.

Les partisans de ces projets de loi affirment qu'ils amélioreront la sécurité des élections et annuleront les changements temporaires adoptés pendant la pandémie de COVID-19. Ils justifient leur démarche par de fausses allégations de fraude électorale importante, ainsi que par la grande méfiance du public à l'égard de l'intégrité de l'élection de 2020 que ces allégations ont suscitée. Les analystes politiques affirment que ces efforts reviennent à supprimer des électeurs, qu'ils sont destinés à avantager les républicains en réduisant le nombre de personnes qui votent et qu'ils affecteraient de manière disproportionnée les électeurs issus de minorités.

Composition du parti républicain

Au cours des premières décennies, la base du parti est constituée de protestants blancs du Nord et d'Afro-Américains dans l'ensemble du pays. Son premier candidat à la présidence, John C. Frémont, ne reçoit pratiquement aucune voix dans le Sud. Cette tendance s'est poursuivie au XXe siècle. Après l'adoption de la loi sur les droits civiques de 1964 et de la loi sur le droit de vote de 1965, les États du Sud sont devenus plus résolument républicains dans la politique présidentielle, tandis que les États du Nord-Est sont devenus plus résolument démocrates. Des études montrent que les Blancs du Sud se sont tournés vers le parti républicain en raison du conservatisme racial.

Si les spécialistes s'accordent à dire qu'une réaction raciale a joué un rôle central dans le réalignement racial des deux partis, certains experts ne s'accordent pas sur la question de savoir si le réalignement racial a été un processus élitaire dirigé par le sommet ou un processus ascendant. La "stratégie sudiste" se réfère principalement à des récits "descendants" du réalignement politique du Sud, qui suggèrent que les dirigeants républicains ont consciemment fait appel aux griefs raciaux de nombreux Sudistes blancs afin d'obtenir leur soutien. Ce récit descendant de la stratégie sudiste est généralement considéré comme la principale force qui a transformé la politique sudiste après l'ère des droits civiques. L'universitaire Matthew Lassiter affirme que "les changements démographiques ont joué un rôle plus important que la démagogie raciale dans l'émergence d'un système bipartite dans le Sud américain". Des historiens tels que Matthew Lassiter, Kevin M. Kruse et Joseph Crespino ont présenté un autre récit, "ascendant", que Lassiter a appelé la "stratégie des banlieues". Ce récit reconnaît le rôle central du contrecoup racial dans le réalignement politique du Sud, mais suggère que ce contrecoup a pris la forme d'une défense de la ségrégation de *facto* dans les banlieues plutôt que d'une résistance ouverte à l'intégration raciale et que l'histoire de ce contrecoup est nationale plutôt que strictement méridionale.

La base du parti au XXIe siècle est constituée de groupes tels que les électeurs blancs, en particulier les hommes, mais aussi une majorité de femmes blanches, les couples hétérosexuels mariés, les résidents ruraux et les

80

travailleurs non syndiqués sans diplôme universitaire. En revanche, les citadins, les travailleurs syndiqués, la plupart des minorités ethniques, les célibataires et les minorités sexuelles ont tendance à voter pour le parti démocrate. Les banlieues sont devenues un champ de bataille majeur. Depuis les années 2010, le parti est le plus fort dans le Sud, dans la plupart des États du Midwest et des montagnes, ainsi qu'en Alaska, selon le *New York Times*. Selon un sondage Gallup de 2015, 25 % des Américains s'identifient comme républicains et 16 % comme ayant un penchant républicain. En comparaison, 30 % des Américains se disent démocrates et 16 % d'entre eux se disent plutôt démocrates. Depuis que Gallup a commencé à réaliser des sondages sur cette question en 1991, le Parti démocrate a toujours eu une longueur d'avance en matière d'identification au parti. Le parti républicain du XXIe siècle puise également sa force dans les zones rurales des États-Unis. Ces dernières années, le parti a réalisé des gains significatifs parmi la classe ouvrière blanche, les Hispaniques et les Juifs orthodoxes, tout en perdant le soutien de la plupart des Blancs de la classe supérieure et des Blancs ayant fait des études supérieures.

La montée de la polarisation politique

Vers la fin des années 1990 et au début du 21e siècle, le parti républicain a eu de plus en plus recours à des pratiques de "hardball constitutionnel".

Un certain nombre de chercheurs ont affirmé que la présidence du républicain Newt Gingrich à la Chambre des représentants a joué un rôle clé dans l'affaiblissement des normes démocratiques aux États-Unis, dans l'accélération de la polarisation politique et dans l'augmentation des préjugés partisans. Selon les politologues Daniel Ziblatt et Steven Levitsky de l'université de Harvard, la présidence de Gingrich a eu un impact profond et durable sur la politique américaine et la santé de la démocratie américaine. Ils affirment que Gingrich a instillé une approche "combative" au sein du parti républicain, où le langage haineux et l'hyperpartisanerie sont devenus monnaie courante, et où les normes démocratiques ont été abandonnées. Gingrich a fréquemment mis en doute le patriotisme des démocrates, les a qualifiés de corrompus, les a comparés à des fascistes et les a accusés de vouloir détruire les États-Unis. Gingrich a également été impliqué dans plusieurs fermetures importantes du gouvernement.

Les spécialistes ont également caractérisé le mandat de
Mitch McConnell en tant que chef de la minorité et de la
majorité au Sénat pendant la présidence Obama comme
une période où l'obstructionnisme a atteint des sommets.
Les politologues ont qualifié l'utilisation de l'obstruction par
Mitch McConnell de "hardball constitutionnel", se référant à
l'utilisation abusive d'outils procéduraux d'une manière qui
sape la démocratie. M. McConnell a retardé et entravé la
réforme du système de santé et la réforme bancaire, deux
textes législatifs historiques que les démocrates
cherchaient à faire adopter (et qu'ils ont effectivement fait
adopter) au début du mandat de M. Obama. En retardant
la législation prioritaire des démocrates, M. McConnell a
paralysé la production du Congrès. Les politologues Eric
Schickler et Gregory J. Wawro écrivent : "En ralentissant
l'action même sur des mesures soutenues par de
nombreux républicains, M. McConnell a profité de la rareté
du temps de parole pour forcer les dirigeants démocrates à
faire des compromis difficiles sur les mesures qui valaient
la peine d'être poursuivies". En d'autres termes, étant
donné que les démocrates ne disposaient que de deux
ans avec des majorités importantes pour mettre en œuvre
la plus grande partie possible de leur programme, le fait de
ralentir la capacité du Sénat à traiter même les mesures de

83

routine a limité le volume même des projets de loi libéraux qui pouvaient être adoptés".

Le refus de M. McConnell d'organiser des auditions sur le candidat à la Cour suprême Merrick Garland au cours de la dernière année de la présidence Obama a été qualifié par les politologues et les juristes de "sans précédent", de "point culminant de ce style de confrontation", d'"abus flagrant des normes constitutionnelles" et d'"exemple classique d'acharnement constitutionnel".

Après que l'élection présidentielle américaine de 2020 a été déclarée en faveur de M. Biden, le refus du président Donald Trump de concéder et les exigences des assemblées législatives et des fonctionnaires des États républicains d'ignorer le vote populaire des États ont été qualifiés d'"inégalés" dans l'histoire américaine et de "profondément antidémocratiques". Certains journalistes et responsables étrangers ont également qualifié M. Trump de fasciste à la suite de l'attentat du 6 janvier au Capitole des États-Unis. À la suite de l'attentat, une enquête menée par l'American Enterprise Institute a révélé que 56 % des républicains étaient d'accord avec l'affirmation suivante : "Le mode de vie traditionnel américain disparaît si rapidement que nous devrons peut-être recourir à la force pour le sauver", contre 36 % de l'ensemble des personnes interrogées. Soixante pour cent des Républicains évangéliques blancs sont d'accord avec cette affirmation.

Idéologie et factions

Les politologues caractérisent le parti républicain comme étant plus cohésif sur le plan idéologique que le parti démocrate, qui est composé d'une plus grande diversité de coalitions.

En 2018, un sondage Gallup a révélé que 69 % des républicains se décrivaient comme "conservateurs", tandis que 25 % optaient pour le terme "modéré" et que 5 % s'identifiaient comme "libéraux". Lorsque l'idéologie est séparée en questions sociales et économiques, un sondage Gallup de 2020 a révélé que 61 % des républicains et des indépendants à tendance républicaine se qualifiaient de "socialement conservateurs", 28 % choisissaient l'étiquette "socialement modérés" et 10 % se qualifiaient de "socialement libéraux". En ce qui concerne les questions économiques, le même sondage de 2020 a révélé que 65 % des républicains (et des indépendants à tendance républicaine) ont choisi l'étiquette "conservateur économique" pour décrire leur point de vue sur la politique fiscale, tandis que 26 % ont choisi l'étiquette "modéré économique" et 7 % ont opté pour l'étiquette "libéral économique".

Le parti républicain moderne comprend des conservateurs, des centristes, des conservateurs fiscaux, des libertaires, des néoconservateurs, des paléoconservateurs, des populistes de droite et des conservateurs sociaux.

Outre les clivages idéologiques, le parti républicain du XXIe siècle peut être divisé en deux grandes catégories : les partisans de l'establishment et les partisans de l'anti-establishment. Les sondages nationaux réalisés en 2014 par le Pew Center auprès des électeurs républicains ont mis en évidence un clivage croissant au sein de la coalition républicaine, entre les "conservateurs du monde des affaires" ou "conservateurs de l'establishment" d'un côté et les "conservateurs inébranlables" ou "conservateurs populistes" de l'autre.

Radio parlée et médias de droite

À partir de la fin du XXe siècle, les conservateurs de la radio parlée et de Fox News, ainsi que les médias en ligne tels que Daily Caller et Breitbart News, ont exercé une influence considérable sur les informations reçues et les jugements portés par les républicains de base. Il s'agit notamment de Rush Limbaugh, Sean Hannity, Larry Elder, Glenn Beck, Mark Levin, Dana Loesch, Hugh Hewitt, Mike Gallagher, Neal Boortz, Laura Ingraham, Dennis Prager, Michael Reagan, Howie Carr et Michael Savage, ainsi que de nombreux commentateurs locaux qui soutiennent les causes républicaines tout en s'opposant vocalement à la gauche. Le vice-président Mike Pence a également fait une carrière précoce dans la radio conservatrice, en animant le *Mike Pence Show à la* fin des années 1990 avant de se présenter avec succès aux élections législatives de 2000.

Ces dernières années, des experts du podcasting et de YouTube comme Ben Shapiro et Steven Crowder ont également gagné en notoriété auprès d'un public toujours plus jeune grâce à des sites tels que The Daily Wire et Blaze Media.

Milieu des affaires

87

Le parti républicain est traditionnellement un parti favorable aux entreprises. Il bénéficie d'un soutien important de la part d'un large éventail d'industries, du secteur financier aux petites entreprises. Les républicains ont 24 % de chances de plus que les démocrates d'être propriétaires d'une entreprise. D'éminents groupes de pression commerciaux, tels que la Chambre de commerce des États-Unis et l'Association nationale des fabricants, ont toujours soutenu les candidats et les politiques économiques républicains. Bien que les deux grands partis soutiennent le capitalisme, le parti républicain est plus enclin à favoriser les droits de propriété privée (y compris les droits de propriété intellectuelle) que le parti démocrate, au détriment d'intérêts concurrents tels que la protection de l'environnement ou la réduction du coût des médicaments.

Selon une enquête citée par le *Washington Post* en 2012, 61 % des propriétaires de petites entreprises prévoyaient de voter pour le candidat républicain à la présidence, Mitt Romney. Les petites entreprises sont devenues un thème majeur de la Convention nationale républicaine de 2012.

Données démographiques

88

En 2006, les républicains ont remporté 38 % des électeurs âgés de 18 à 29 ans. Dans une étude de 2018, les membres de la génération silencieuse et de la génération des baby-boomers étaient plus susceptibles d'approuver la présidence de Trump que ceux de la génération X et des milléniaux.

Les électeurs à faible revenu sont plus susceptibles de s'identifier aux démocrates, tandis que les électeurs à revenu élevé sont plus susceptibles de s'identifier aux républicains. En 2012, Obama a gagné 60 % des électeurs ayant un revenu inférieur à 50 000 dollars et 45 % de ceux ayant un revenu supérieur. En 2004, Bush a remporté 41 % des 20 % d'électeurs les plus pauvres, 55 % des 20 % les plus riches et 53 % de ceux qui se situent entre les deux. Lors des élections législatives de 2006, les électeurs ayant des revenus supérieurs à 50 000 dollars étaient républicains à 49 %, tandis que ceux ayant des revenus inférieurs à ce montant étaient républicains à 38 %.

Genre

Depuis 1980, un "fossé entre les sexes" se traduit par un soutien plus fort au parti républicain chez les hommes que chez les femmes. Lors de l'élection présidentielle de 2004, les femmes célibataires et divorcées étaient beaucoup plus susceptibles de voter pour le démocrate John Kerry que pour le républicain George W. Bush. Lors des élections législatives de 2006, 43 % des femmes ont voté pour le parti républicain, contre 47 % des hommes. Lors des élections de mi-mandat en 2010, le "fossé entre les sexes" s'est réduit, les femmes soutenant à égalité les candidats républicains et démocrates (49 %-49 %). Les sondages effectués à la sortie des urnes lors des élections de 2012 ont révélé une faiblesse persistante du GOP chez les femmes célibataires, qui représentent une part importante et croissante de l'électorat. Bien que les femmes aient soutenu Obama plutôt que Mitt Romney par une marge de 55-44% en 2012, Romney l'a emporté parmi les femmes mariées, 53-46%. Obama a gagné 67 à 31 % chez les femmes célibataires.

Cependant, selon une étude de décembre 2019, "les femmes blanches sont le seul groupe d'électrices qui soutiennent les candidats du Parti républicain à la présidence. Elles l'ont fait majoritairement lors de toutes les 18 dernières élections, sauf deux".

90

L'éducation

Jusqu'en 2016, les électeurs aisés et généralement plus instruits penchaient davantage vers les Républicains lors des élections présidentielles, mais après 2016, la norme s'est inversée. Les personnes qui n'ont pas fait d'études supérieures ont tendance à être plus conservatrices sur le plan social dans un grand nombre de domaines.

En 2012, le Pew Research Center a mené une étude sur les électeurs inscrits, avec un écart de 35-28 entre les démocrates et les républicains. Il a constaté que les démocrates autoproclamés avaient un avantage de huit points sur les républicains parmi les diplômés de l'enseignement supérieur et un avantage de quatorze points parmi tous les diplômés de l'enseignement supérieur interrogés. Les républicains avaient un avantage de onze points parmi les hommes blancs diplômés de l'enseignement supérieur ; les démocrates avaient un avantage de dix points parmi les femmes diplômées. Les démocrates représentaient 36 % de l'ensemble des personnes interrogées ayant un niveau d'études inférieur ou égal au lycée, contre 28 % pour les républicains. Si l'on se limite aux électeurs blancs inscrits, les républicains ont

91

un avantage de six points dans l'ensemble et de neuf points parmi ceux qui ont un niveau d'études secondaires ou moins. À la suite de l'élection présidentielle de 2016, les sondages de sortie des urnes ont indiqué que "Donald Trump a attiré une grande partie du vote des Blancs sans diplôme universitaire, recevant 72 % du vote des hommes blancs non diplômés et 62 % du vote des femmes blanches non diplômées". Dans l'ensemble, 52 % des électeurs titulaires d'un diplôme universitaire ont voté pour Hillary Clinton en 2016, tandis que 52 % des électeurs non titulaires d'un diplôme universitaire ont voté pour Trump.

Ethnicité

Depuis 1980, les républicains obtiennent moins de 15 % des voix des Afro-Américains lors des élections nationales. Ce parti a aboli l'esclavage sous Abraham Lincoln, a vaincu le "Slave Power" et a accordé aux Noirs le droit de vote pendant la Reconstruction, à la fin des années 1860. Jusqu'au New Deal des années 1930, les Noirs ont largement soutenu le parti républicain. Les délégués noirs représentaient une part importante des délégués du Sud à la convention républicaine nationale depuis la Reconstruction jusqu'au début du XXe siècle, où leur part

92

a commencé à diminuer. Les électeurs noirs ont commencé à se détourner du parti républicain après la fin de la Reconstruction et jusqu'au début du 20e siècle, avec la montée du mouvement sudiste républicain en faveur de l'égalité des sexes. Les Noirs sont passés en masse au parti démocrate dans les années 1930, lorsque de grandes figures démocrates comme Eleanor Roosevelt ont commencé à soutenir les droits civiques et que le New Deal leur a offert des possibilités d'emploi. Ils sont devenus l'une des principales composantes de la coalition du New Deal. Dans le Sud, après l'adoption en 1965, par une coalition bipartisane, de la loi sur le droit de vote (Voting Rights Act) visant à interdire la discrimination raciale lors des élections, les Noirs ont pu à nouveau voter et constituent depuis lors une part importante (20 à 50 %) du vote démocrate dans cette région.

Lors des élections de 2010, deux républicains afro-américains - Tim Scott et Allen West - ont été élus à la Chambre des représentants. En janvier 2023, il y aura quatre républicains afro-américains à la Chambre des représentants et un républicain afro-américain au Sénat des États-Unis. Au cours des dernières décennies, les républicains ont réussi à gagner le soutien des électeurs hispaniques et asiatiques. George W. Bush, qui a mené une campagne énergique pour obtenir le vote des Hispaniques, a obtenu 35 % de leurs suffrages en 2000 et 44 % en 2004. La forte position anticommuniste du parti l'a rendu populaire auprès de certains groupes minoritaires des États communistes actuels et anciens, en particulier les Américains d'origine cubaine, coréenne, chinoise et vietnamienne. L'élection en 2007 de Bobby Jindal au poste de gouverneur de Louisiane a été saluée comme une avancée. Jindal est devenu le premier gouverneur élu issu d'une minorité en Louisiane et le premier gouverneur d'État d'origine indienne.

Depuis les années 2010, les républicains ont gagné le soutien des minorités raciales et ethniques, en particulier de la classe ouvrière, des Hispaniques ou des Latino-Américains (y compris les Américains d'origine cubaine) et des Américains d'origine asiatique. Selon John Avlon, en 2013, le parti républicain était plus diversifié sur le plan ethnique au niveau des élus de l'État que le parti démocrate ; les élus du GOP au niveau de l'État comprenaient le gouverneur latino du Nevada, Brian Sandoval, et le sénateur américain afro-américain Tim Scott de Caroline du Sud.

94

En 2012, 88 % des électeurs de Romney étaient blancs, contre 56 % des électeurs d'Obama. Lors de l'élection présidentielle de 2008, John McCain a obtenu 55 % des votes blancs, 35 % des votes asiatiques, 31 % des votes hispaniques et 4 % des votes afro-américains. Lors des élections législatives de 2010, les républicains ont remporté 60 % des votes blancs, 38 % des votes hispaniques et 9 % des votes afro-américains.

En 2020, les candidats républicains avaient perdu le vote populaire lors de sept des huit dernières élections présidentielles. Depuis 1992, la seule fois où ils ont remporté le vote populaire lors d'une élection présidentielle est l'élection présidentielle américaine de 2004. Les démographes ont souligné le déclin constant (en pourcentage des électeurs éligibles) de sa base principale d'hommes blancs âgés et ruraux. Cependant, Donald Trump a réussi à augmenter le soutien des non-Blancs à 26 % du total de ses votes lors de l'élection de 2020 - le pourcentage le plus élevé pour un candidat présidentiel du GOP depuis 1960.

Croyances religieuses

95

La religion a toujours joué un rôle majeur pour les deux partis, mais en l'espace d'un siècle, la composition religieuse des partis a changé. Avant 1960, la religion constituait une ligne de démarcation majeure entre les partis, les catholiques, les juifs et les protestants du sud étant fortement démocrates et les protestants du nord-est fortement républicains. La plupart des anciennes différences se sont estompées après le réalignement des années 1970 et 1980, qui a mis à mal la coalition du New Deal. Les électeurs qui fréquentaient l'église chaque semaine ont donné 61 % de leurs voix à Bush en 2004 ; ceux qui la fréquentaient occasionnellement ne lui ont donné que 47 % ; et ceux qui ne la fréquentaient jamais lui ont donné 36 %. Cinquante-neuf pour cent des protestants ont voté pour Bush, ainsi que 52 % des catholiques (même si John Kerry était catholique). Depuis 1980, une grande majorité d'évangéliques a voté pour les Républicains ; 70-80% ont voté pour Bush en 2000 et 2004 et 70% pour les candidats républicains à la Chambre des représentants en 2006.

Les membres de l'Église de Jésus-Christ des saints des derniers jours, qui vivent principalement dans l'Utah et dans certains États voisins, ont voté à 75 % ou plus pour

George W. Bush en 2000. Les membres de la foi mormone ont eu une relation mitigée avec Donald Trump pendant son mandat, bien que 67% d'entre eux aient voté pour lui en 2016 et 56% d'entre eux aient soutenu sa présidence en 2018, désapprouvant son comportement personnel tel que celui montré lors de la controverse d'*Access Hollywood.* Leur opinion sur Trump n'avait cependant pas affecté leur affiliation à un parti, puisque 76% des mormons en 2018 ont exprimé leur préférence pour les candidats républicains génériques au Congrès.

Les juifs continuent de voter à 70-80 % pour les démocrates ; toutefois, une faible majorité de juifs orthodoxes a voté pour le parti républicain en 2016, après des années de soutien croissant des juifs orthodoxes au parti en raison de son conservatisme social et de sa position de plus en plus pro-israélienne en matière de politique étrangère. Plus de 70 % des juifs orthodoxes s'identifient comme des républicains ou des personnes ayant un penchant républicain en 2021. Un sondage à la sortie des urnes réalisé par l'Associated Press pour 2020 a révélé que 35 % des musulmans avaient voté pour Donald Trump. Les protestants traditionnels (méthodistes, luthériens, presbytériens, épiscopaliens et disciples) ne

97

sont plus républicains qu'à 55 % environ (contre 75 % avant 1968). Les démocrates ont des liens étroits avec les églises afro-américaines, en particulier les National Baptists, tandis que leur domination historique parmi les électeurs catholiques s'est érodée pour atteindre 54-46 lors des élections de mi-mandat en 2010.

Bien qu'autrefois fortement démocrates, les électeurs catholiques ont récemment été politiquement divisés, 52 % d'entre eux ayant voté pour Trump en 2016 et pour Biden en 2020. Si les dirigeants républicains catholiques s'efforcent de rester en phase avec les enseignements de l'Église catholique sur des sujets tels que l'avortement, la contraception, l'euthanasie et la recherche sur les cellules souches embryonnaires, ils ont tendance à diverger sur la peine de mort et le mariage entre personnes de même sexe. *L'encyclique Laudato si'* du pape François, publiée en 2015, a suscité un débat sur les positions des républicains catholiques par rapport à celles de l'Église. L'encyclique du pape au nom de l'Église catholique reconnaît officiellement un changement climatique d'origine humaine causé par la combustion de combustibles fossiles. Selon le pape, le réchauffement de la planète est dû à une culture du gaspillage et à

98

l'indifférence des pays développés à l'égard de la destruction de la planète dans le but de réaliser des gains économiques à court terme. Selon le *New York Times*, *Laudato si'* a mis la pression sur les candidats catholiques aux élections de 2016 : Jeb Bush, Bobby Jindal, Marco Rubio et Rick Santorum.

Alors que les principaux démocrates font l'éloge de l'encyclique, James Bretzke, professeur de théologie morale au Boston College, a déclaré que les deux camps manquaient de sincérité : "Je pense que cela montre que les républicains et les démocrates (...) aiment utiliser l'autorité religieuse et, dans ce cas, le pape pour soutenir des positions auxquelles ils sont parvenus de manière indépendante (...). Il y a un certain manque de sincérité, une certaine hypocrisie, je pense, des deux côtés". Alors qu'un sondage de Pew Research indique que les catholiques sont plus enclins à croire que la Terre se réchauffe que les non-catholiques, 51 % des républicains catholiques croient au réchauffement climatique (moins que la population générale) et seulement 24 % des républicains catholiques croient que le réchauffement climatique est causé par l'activité humaine.

MAKE AMERICA
GREAT AGAIN

Présidents républicains

En 2021, il y a eu au total 19 présidents républicains.

Les juges actuels de la Cour suprême nommés par des présidents républicains depuis 1991

Depuis juillet 2022, six des neuf sièges sont occupés par des juges nommés par les présidents républicains George H. W. Bush, George W. Bush et Donald Trump.

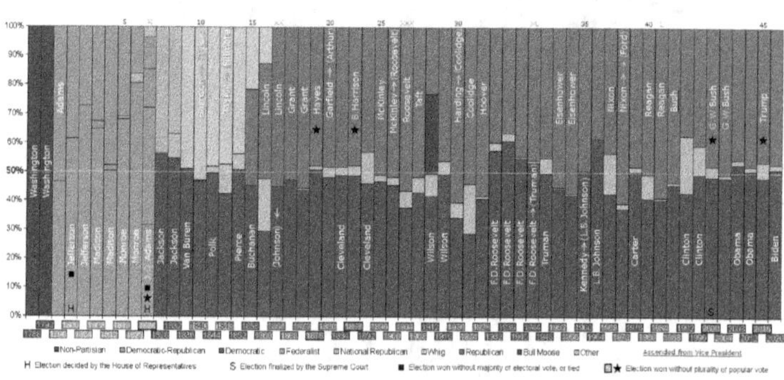